PROPOS
RÉVOLUTIONNAIRES

PAR

EMILE DIGEON

PRIX : 40 CENTIMES

---

pl...
l'individu,
l'An

IMPRIMERIE TYPOGRAPHIQUE DE M. DÉCEMBRE
326, RUE DE VAUGIRARD, 326

En vente dans toutes les librairies socialistes et populaires.

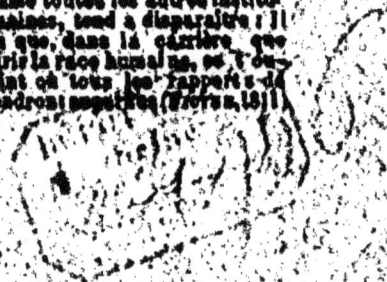

AVANT-PROPOS

Ces propos détachés ont pour but principal d'élucider les questions, de savoir : 1° S'il est possible de détruire les iniquités sociales autrement que par *l'action* révolutionnaire; — 2° Si on peut raisonnablement attendre d'un *gouvernement* quelconque, fût-il un *État ouvrier*, la liberté absolue conjointement avec l'abolition de l'exploitation de l'homme soit par un autre homme, *soit par la collectivité sociale.*

Je ne crains pas de déclarer d'avance que je veux éviter également l'excès d'individualisme, qui exposerait la société aux entreprises les plus insensées, et l'excès de collectivisme qui opprimerait l'individu, sous prétexte de nécessité de production : je veux que l'Arabe, à qui le climat d'Afrique permet de vivre de peu, puisse continuer à passer les trois quarts de la journée étendu sur un tapis; mais je tiens aussi à ce que le *majo* andalou, qui, lui aussi, aime à ne rien faire, ne puisse pas aller librement violer les petites filles et les étrangler quand elles résistent trop.

Selon moi, ceux qui n'admettent aucune règle sociale, *même librement consentie* et sans cesse modifiable, ne comprennent pas les nécessités que la nature a imposées à l'homme, en ne lui permettant pas de vivre autrement qu'en société; ils ne se rendent pas compte des conflits continuels que le déchaînement désordonné de toutes les aberrations, physiquement et intellectuellement possibles, occasionnerait au préjudice des faibles dont la protection est la principale raison d'être de la société.

Mais, si je mets pour limite à la liberté individuelle le respect de la liberté d'autrui garanti sérieusement par l'intervention éventuelle d'un pouvoir public, j'entends que ce pouvoir, purement préservatif, ne soit pas *gouvernemental* et que, loin de reposer constamment sur les mêmes têtes, il soit exercé tour à tour par tous les citoyens.

D'un autre côté, je considère le communisme absolu et le collectivisme de production comme des rêves de sectaires trop disposés à sacrifier la liberté aux systèmes égalitaires qu'ils ont imaginé. Ces inventeurs oublient que l'homme n'est pas fait pour vivre comme le bœuf qu'on nourrit abondamment à l'étable, après son travail de la journée, et que la liberté nous est aussi chère que le bien-être matériel.

Je crois que, sans nous soumettre, tous, à la réglementation conventuelle ou régimentaire, au point de vue de la production, on peut fournir à chaque homme isolé ou en société, selon ses goûts, les instruments de travail dont il a besoin, pour assurer son indépendance.

Tenant compte de la diversité des organisations cérébrales et de la différence des climats, je me garde bien de songer à une réglementation universelle.

Je n'ai pas la prétention d'offrir des recettes économiques infaillibles: laissant au peuple lui-même le soin de choisir les moyens d'assurer à tous ses membres la liberté et le bien-être, je ne me préoccupe que de participer à la poussée révolutionnaire qui doit en finir avec tous les privilèges, avec toutes les exploitations, et mettre l'humanité dans la voie du progrès incessant.

PROPOS RÉVOLUTIONNAIRES

I

La Révolution ne consiste pas seulement à détruire tel ou tel gouvernement despotique, soutenir des privilèges, du patronat et de la bourgeoisie, au préjudice des vrais producteurs de la richesse sociale.

Elle consiste, surtout, dans la marche constante de la société vers l'idéal suprême de la liberté absolue : — *l'abolition définitive de tout pouvoir gouvernemental.*

Le citoyen digne d'être libre, doit fixer constamment ses regards sur cet idéal, comme le voyageur prend pour guide, pendant la nuit, à l'horizon, une étoile qui semble fuir dans l'espace à mesure qu'il avance.

L'humanité n'arrivera jamais à la perfection : elle est, par sa nature, condamnée à progresser indéfiniment, en luttant sans cesse contre des obstacles nouveaux ; — l'immobilité serait pour elle la mort.

C'est pourquoi il faut considérer comme perturbateurs, non les révolutionnaires, mais bien les conservateurs et les réactionnaires, dont la résistance à marcher en avant provoque les colères légitimes de tous ceux qui ont intérêt à suivre la loi naturelle du progrès.

Le mouvement révolutionnaire, pour être régulier, doit être perpétuel ; et pour qu'il le soit, il faut s'opposer à tout pouvoir qui tend à le contenir sous prétexte de le réglementer.

Au jour de la prochaine bataille, que la résistance criminelle des réactionnaires gouvernementaux, républicains ou monarchistes, rend de plus en plus inévitable, le peuple devra se méfier de quiconque prétendra lui imposer des lois, — autant de ceux qui, ne voulant *ni Dieu ni maître* pour eux-mêmes, cherché à déifier un homme à la façon des prêtres catholiques, pour commander en son nom, — que de ceux qui ont inventé un État ouvrier, comme M. Ferry a inventé un État paysan, pour le régenter.

Monarchie ou République, quelle que soit sa forme, toute concentration gouvernementale des forces nationales et des services publics tendra fatalement, tôt ou tard, à réagir contre le mouvement révolutionnaire dont la perpétuité ne peut être assurée que par *l'autonomie corporative* des services publics fonctionnant sous la surveillance intéressée de tous les citoyens, — surveillance dont l'efficacité doit être garantie par la possession à domicile d'armes et de munitions suffisantes pour la sauvegarde des droits individuels et collectifs et pour que chaque citoyen puisse contribuer spontanément, au besoin, à la défense du territoire contre l'ennemi étranger, — sans qu'il y ait à entretenir une armée gouvernementale ou *nationale* constamment mobilisable dont les chefs, même élus, pourraient compléter contre les libertés publiques.

**

Avant de mourir, M. Thiers put entendre la qualification de « *sinistre petit homme* » que l'histoire lui infligeait déjà.

Cependant les débuts politiques de ce monstrueux petit homme, dont le corps chétif sembla former une espèce d'antithèse matérielle à côté de la profondeur de sa perversité, n'avaient pas laissé pressentir que, foulant aux pieds tous les sentiments d'honneur et d'humanité, il deviendrait le plus féroce des réacteurs; ils avaient, au contraire, fait espérer qu'il serait un défenseur ardent des droits publics.

Ce parvenu, qui osa traiter le peuple de *vile multitude*, après avoir égorgé ses défenseurs dans la rue Transnonain, — ce sombre organisateur des carnages de mai 1871, dont l'horreur a fait pâlir toutes les atrocités antérieurement flétries par l'histoire, même celle du 2 Décembre, — avait, en 1831, publié, chez l'éditeur Mesnier, une brochure approbative de la révolution de 1830, et dans laquelle se trouvent, à la page 36, les lignes suivantes:

« Quand un peuple est gouverné contrairement à ses aspirations, et qu'on lui refuse des moyens légaux de faire prévaloir constamment sa volonté, il n'a de ressource que l'insurrection. »

Mais, en 1831, M. Thiers n'avait pas encore été ministre; l'esprit d'autoritarisme, qui envahit *fatalement* tous ceux qui prennent part au pouvoir gouvernemental, ne l'avait pas encore corrompu.

Ce ne fut qu'à partir de 1832, époque où il entra au ministère des travaux publics, qu'il commença à manifester sa haine contre le peuple, et cette cruauté froidement calculée dont le souvenir, pèsera toujours sur son nom.

*
* *

Pour faire ressortir combien le pouvoir gouvernemental pervertit ceux qui l'exercent, je pourrais ajouter à l'exemple de M. Thiers celui de bien d'autres ministres de la monarchie, de provenance républicaine.

Mais, je préfère établir que le parlementarisme républicain est une des formes gouvernementales les plus funestes, parce qu'il leurre davantage le peuple par le semblant de souveraineté qu'il lui accorde.

Singulière souveraineté, en effet, que celle qui consiste à se choisir un jour tous les quatre ans, des maîtres auxquels il faut ensuite toujours obéir !

Et c'est cependant à ce semblant de souveraineté que le peuple se laisse prendre !

Il ne voit pas que la république, qui consiste à lui faire abdiquer périodiquement l'exercice de ses droits entre les mains des mandataires non révocables, constitue un pouvoir plus redoutable que celui d'un roi.

Ne lui serait-il pas plus facile, en effet, de se débarrasser d'un seul maître que de cinq ou six cents ?

Au surplus, qu'ont fait les républicains devenus ministres ou députés ? — ont-ils assurés, mieux que les ministres et les députés de la monarchie, la liberté et le bien-être des travailleurs ?

Je pourrais montrer les anciens insurgés du 24 février marchant, revêtus de leurs écharpes de représentants du peuple, contre les insurgés de juin qui leur demandaient du pain.

Je pourrais dresser la longue liste de ceux qui approuvèrent les transportations et les massacres accomplis par Cavaignac.

Je pourrais montrer Barbès, lui-même, se laissant entraîner

le 16 avril 1848, par l'esprit d'autorité, en accourant, comme colonel de la garde nationale, au son du rappel, battu d'après l'ordre de Ledru-Rollin (1), contre une manifestation populaire. Il est vrai que Barbès racheta cette faute en se joignant au peuple le 15 mai suivant.

La fascination exercée par le pouvoir est telle, qu'elle a séduit tous les ouvriers que leurs camarades avaient considérés comme devant mieux prendre la défense des travailleurs.

C'est ainsi qu'on a vu les Greppo, les Nadaud, les Tolain, etc., etc., abandonner la voie de la révolution, pour s'enfermer dans la légalité bourgeoise qu'ils avaient promis de combattre avec acharnement. Leur constance n'a pas résisté aux douceurs qu'ils ont trouvées dans leur part de pouvoir.

Tous ces tristes exemples et beaucoup d'autres qu'on peut rencontrer dans les députation de la plupart des départements, devraient suffire pour décider le peuple à ne plus nommer des *mandataires-législateurs*, qui lui imposent leur volonté au lieu de faire la sienne.

Il y aurait vraiment niaiserie de sa part, à croire encore à la paroles des candidats.

Qu'il soit enfin persuadé que ceux qui aspirent à le représenter et manifestent déjà la résolution de rester dans les assemblées municipales ou nationales, sous prétexte d'y soutenir les intérêts des travailleurs devant des majorités qu'ils savent d'avance devoir n'en tenir aucun compte, ne peuvent être que des ambitieux.

Un vrai révolutionnaire ne peut, aujourd'hui, accepter d'autre mission que celle d'aller, en attendant l'occasion d'agir plus efficacement, lancer les objurgations impératives du peuple sur les députés prévaricateurs, et de se retirer *immédiatement* pour éviter la contagion de la pourriture parlementaire.

II

L'anarchie n'est ni ce que prétendent les adversaires, ni ce que se figurent quelques-uns de ceux qui se proclament ses partisans.

Elle n'est ni le désordre, la confusion et le chaos, — ni

l'assouvissement effréné de tous les égoïsmes et de toutes les folies.

Il faut surtout se garder d'interpréter la portée du principe et le sens du mot. d'après ce que peuvent penser ceux qui revendiquent, pour tout homme, le droit de satisfaire ses caprices les plus insensés, même au préjudice de ses semblables.

Ceux-là peuvent, de bonne foi, se croire anarchistes, mais ils ne le sont pas.

Si leurs idées se réalisaient, elles amèneraient fatalement la domination des faibles par les forts, le règne de la force brutale, — contrairement aux aspirations éligataires et libertaires qu'ils manifestent avec ardeur.

Dans le sens lexicologique et, philosophiquement, l'anarchie est *la négation ou l'absence de tout gouvernement proprement dit*; elle est implicitement la condamnation de toute exploitation de l'homme, *soit par un autre homme, soit par la collectivité sociale*.

Loin de renfermer l'idée du droit de vivre sans travailler, comme le croient de faux anarchistes, elle est en opposition avec le parasitisme qui constitue, au fond, une des formes de l'exploitation de l'homme par l'homme.

Qu'il porte un habit ou une blouse, celui qui vit sans rien produire est précisément un exploiteur, comme l'est le patron ou le bourgeois dont il faut débarrasser la société.

La réciprocité des services, selon les facultés de chacun, est la règle naturelle des rapports sociaux.

Quiconque transgresse cette règle tend à constituer à son profit un privilège qu'il ne peut obtenir qu'en devenant oppresseur.

Il y a donc intérêt public à combattre le parasitisme et l'égoïsme dont le résultat final serait la constitution d'une autorité oppressive, — le contraire de l'anarchie.

*
* *

Le vrai socialisme ne consiste pas dans une théorie économique déterminée: — il est sous des formes diverses la *négation de l'ordre social actuel et l'aspiration vers un idéal égalitaire*.

Loin d'admettre pour limite un système quelconque, inventé par un des nombreux prétendants à l'infaillibilité scientifique, loin d'exclure toute recherche en dehors de ce système, — il comporte l'examen *incessant* des problèmes sociaux, sans parti pris de secte ni d'école.

Les vrais socialistes se gardent aussi de se montrer indifférents aux questions politiques : — ils comprennent que l'organisation économique n'est, en somme, soutenue que par l'organisation politique, et que le jour où cette dernière sera *complètement* détruite, les prolétaires pourront facilement avoir raison des patrons et des propriétaires qui les exploitent en accaparant le produit de leur travail.

Après la dispersion de toutes les forces gouvernementales, quand il n'y aura plus ni police, ni armée d'État, quand il n'y aura d'autre force que celle du peuple se gouvernant lui-même directement, sans *législateurs*, — que deviendront le droit de propriété, le droit d'héritage et tous les abus qui en sont la suite ?

Il en sera alors ce que le peuple voudra et personne ne pourra en décider autrement.

Singulière tactique de certains soi-disants socialistes, que celle qui consiste à conseiller aux ouvriers de s'éloigner des révolutionnaires qui tendent à renverser les gouvernements !

Ne semblent-ils pas faire le jeu des despotes souteneurs des privilèges établis au préjudice des travailleurs ?

Pour se convaincre de la nocuité de leurs conseils, il suffit de se rappeler que Napoléon III, comme Louis-Philippe, laissa les socialistes platoniques libres de faire leur propagande pacifique, tandis qu'il poursuivait impitoyablement les socialistes révolutionnaires.

*
**

Les rêveurs de solutions pacifiques prétendraient-ils convertir les gouvernants et les possédants, et les amener à abdiquer spontanément les avantages dont ils jouissent ?

Ou, se figurent-ils réellement pouvoir introduire au sein des conseils municipaux et des Parlements des majorités réformatrices ?

Ils ne connaissent donc pas l'histoire, et ne s'aperçoivent pas que les hommes qui, aujourd'hui, gouvernent sont précisément des républicains et des socialistes de la veille dont les intentios premières ont été perverties par l'exercice du pouvoir !

Il y a au sein du conseil municipal de Paris et sur les bancs de la Chambre, beaucoup d'anciens Saint-Simoniens, d'anciens

Fourriéristes, d'anciens communistes, d'anciens Proudhoniens qui ont foulé aux pieds leurs convictions, après avoir montré, pour les soutenir, autant d'énergie que peuvent en témoigner les apôtres du collectivisme.

Je veux admettre, un instant, que les collectivistes, partisans de la lutte électorale, pourront parvenir à conquérir quelques sièges de députés ; — qui leur garantit que ceux qu'ils enverront ne seront pas corrompus à mesure qu'ils pénétreront dans l'atmosphère gouvernementale, comme l'ont été les communistes, les Fourriéristes et les Blanquistes devenus renégats ?

Mais je soutiens que cette prétendue conquête des pouvoirs publics est impossible : je le démontrerai.

III

Un droit quelconque a beau être pompeusement proclamé, il n'est qu'une dérision, s'il n'est pas accompagné du pouvoir effectif de l'exercer librement.

C'est ainsi que la souveraineté du peuple est un leurre, avec le régime parlementaire.

Il ne suffit pas d'inscrire cette souveraineté sur les monuments publics et en tête des constitutions politiques ; — pour qu'elle soit une réalité, il faut que le peuple, au lieu d'être soumis à ses mandataires, puisse constamment les révoquer et leur imposer ses volontés.

Le régime parlementaire, dans lequel les députés et les ministres sont revêtus d'un pouvoir omnipotent, tandis que les citoyens sont obligés d'obéir à leurs lois, constitue un système d'aliénation périodique des droits du peuple, non un système représentatif.

Il est vrai que, d'après les partisans de ce régime, les députés sont sous la dépendance des électeurs au moment des élections et peuvent se voir refuser le renouvellement de leur mandat.

C'est là une fiction ou plutôt un mensonge.

D'abord, cette prétendue dépendance ne dure qu'un jour, même un seul instant, après lequel les députés commandent souverainement pendant quatre ans.

Mais, en réalité, dans la plupart des cas, les députés ont peu à craindre des retours du suffrage universel : il leur suffit de se ranger dans la majorité gouvernementale.

Ne sait-on pas combien est active et malheureusement efficace, l'intervention des ministres en faveur des candidats officiels?

D'un autre côté, les électeurs ouvriers ne sont-ils pas souvent dans l'impérieuse alternative de céder aux obsessions des
patrons, ou de mourir de faim ?

En somme, tant qu'il y aura un gouvernement disposant
des services publics, des emplois, de la police et de l'armée, —
tant que le travailleur devra obtenir sa subsistance et celle de
ses enfants de la volonté d'un employeur, — le suffrage universel sera faussé au profit des détenteurs du pouvoir.

C'est pourquoi, il ne faut pas prendre au sérieux l'idée de
certains socialistes de conquérir les pouvoirs publics sur le
terrain électoral : — ils pourront peut-être obtenir des succès
partiels ou, pour mieux dire, personnels, mais ils n'aboutiront
jamais à réaliser les espérances qu'ils font concevoir aux travailleurs pour les engager à voter.

Ceux qui présentent comme possible, la conquête de l'Etat
par les socialistes, au moyen du suffrage universel ou par tout
autre moyen que la force, — ne peuvent être que des ambitieux
disposés à aller grossir le nombre des satisfaits du régime parlementaire.

*
* *

Certains partisans du vote, avec la législation actuelle, semblent considérer les candidatures comme un moyen d'agitation
propre à fomenter l'action révolutionnaire.

S'ils sont de bonne foi, ils ne s'aperçoivent pas qu'en con-
seillant de mettre en avant les candidatures, ils font croire à
l'efficacité des moyens légaux et retardent ainsi le moment où
le peuple, désillusionné et convaincu de l'inanité des moyens
pacifiques, se décidera, enfin, à recourir à la force pour conquérir le libre exercice de ses droits.

L'agitation serait certainement plus féconde, si tous les révolutionnaires se contentaient de prendre part aux réunions électorales pour conseiller l'abstention et faire comprendre que la
force seule peut être efficace.

Il importe peu que la majorité parlementaire soit augmentée
de quelques sièges que pourraient obtenir des candidats socialistes.

Il convient de laisser les candidats officiels sans compétiteurs : élus avec un nombre de suffrages insignifiant, comparativement au chiffre des abstentions totales, ils seraient sans force morale.

Les révolutionnaires de bonne foi peuvent donc profiter des périodes électorales en prenant part aux réunions ; mais ils doivent pratiquer et préconiser l'abstention dans le vote, en faisant comprendre aux masses que la lutte pacifique avec des moyens légaux, contre un gouvernement armé de tant de moyens de corruption et de compression, est une véritable duperie.

Puisque les gouvernements se soutiennent uniquement par la force de la police et de l'armée, c'est par la force qu'il faut les attaquer.

Chercher à convertir ceux qui exercent le pouvoir, c'est perdre le temps ; jamais ils ne renonceront volontairement à leurs privilèges.

Invoquer des lois ! — Mais ceux qui les ont faites peuvent les abroger aussi facilement ou en refuser l'application, quand elles sont un obstacle à leur domination.

Les magistrats ne sont-ils pas toujours disposés à interpréter les lois conformément aux désirs du gouvernement dispensateur de l'avancement auquel ils aspirent ?

Que sont devenues, par exemple, les garanties que la loi du 29 juillet 1881, semblait offrir pour les libertés de la parole et de la presse ?

Trois juges d'un tribunal correctionnel de Paris n'ont-ils pas suffi pour débarasser le gouvernement de la gêne que cette loi lui occasionnait dans son acharnement à poursuivre les anarchistes ?

Qu'on cesse donc de conseiller les moyens légaux pour en finir avec un pouvoir qui ne respecte même pas les lois qu'il a faites.

Opposons la force à la force et par tous les moyens : ne perdons pas le temps à voter pour des candidats qui ne feraient pas mieux que ceux qui les ont précédés.

Comprenons, enfin, que tout député est corrompu par le milieu parlementaire — et que la droite et la gauche de l'assemblée sont deux mains d'un même corps ayant un intérêt commun à le soutenir.

IV

J'ai démontré que l'état politique et économique de la société actuelle ne permet pas de faire disparaître pacifiquement, c'est-à-dire *au moyen de réformes successives accomplies par le seul fonctionnement des lois* les abus qui résultent des privilèges d'*autorité* et de *propriété* consacrés précisément par ces lois elle-mêmes.

J'ai fait ressortir que l'idée gouvernementale, constitutive de la concentration des services publics et ses forces nationales, soit entre les mains d'un seul homme, soit dans celles de mandataires *omnipotents*, est la cause principale de la corruption des dépositaires du pouvoir, toujours portés à abuser de leur autorité.

Je vais démontrer brièvement, sauf à revenir sur cette question en poursuivant mes *propos*, qu'un État ouvrier, basé sur les mêmes principes de concentration gouvernementale, produirait, au point de vue de la liberté individuelle, les mêmes effets qu'un État monarchique ou qu'un État parlementaire représentatif de la prétendue souveraineté du peuple.

Dans cet *État ouvrier*, établi par la force des masses populaires, non par la conquête pacifique dont j'ai démontré l'impossibilité, la concentration des forces *ouvrières* entre les mains de délégués quelconques ferait courber tous les producteurs sous la loi de la production collective, dans un intérêt commun.

Le travail individuel libre serait interdit de fait : au lieu d'être admis, selon le système anarchiste, à prendre librement dans les magasins généraux les instruments de travail pour les faire fonctionner soit en société soit isolément, — les producteurs, privés de toute spontanéité personnelle, devraient ne travailler que conformément aux règles établies dans l'intérêt de la collectivité nationale ou même universelle.

Le résultat d'un tel État serait, en somme, la domination et l'exploitation de l'homme *au nom de la collectivité sociale*, tandis que cette exploitation n'a lieu aujourd'hui que d'individu à individu, et peut être évité en partie, moyennant beaucoup d'énergie et d'initiative.

La domination du citoyen par l'état politique qui nous livre tous, en ce moment, aux caprices des prétendus mandataires du peuple, peut faire comprendre ce que serait la situation du travailleur dans un *état ouvrier*.

A l'absence de liberté politique viendrait se joindre la destruction du peu de liberté industrielle qui existe encore pour le travailleur.

Il ne suffit pas de prouver, ce que tout le monde sait, que l'absorption des petites industries par les grandes sociétés industrielles produira la dénomination des simples producteurs par ces grandes sociétés, et de conclure de ce fait que la domination par la collectivité ouvrière serait préférable.

Ce qui vaudrait mieux encore, ce serait que nul ne puisse être dominé ni par l'état ouvrier, ni par les compagnies industrielles, — chose facile à réaliser en mettant librement à la portée du travailleur les instruments de travail qui, seuls, peuvent lui permettre de se passer de patron, soit en s'associant avec d'autres travailleurs, soit en travaillant isolément, selon ses goûts ou les nécessités de sa profession.

Il faut songer à garantir également à l'homme l'indépendance et le bien-être.

Le communisme absolu, qui implique l'idée d'un gouvernement répartiteur des produits selon les besoins de chacun, et le collectivisme qui est son congénère et tend à enrégimenter les producteurs pour régulariser la production, — pourraient garantir le bien-être matériel, mais ce serait au préjudice de la liberté.

Le communisme est un magnifique rêve d'égalité : il doit, au point de vue économique, être considéré comme le soleil qui éclaire, mais dont on ne pourrait atteindre le foyer sans périr.

* *
*

L'essence de l'homme réside dans la conscience qui le différencie des autres animaux.

C'est la conscience qui lui donne le sentiment de ses devoirs et de ses droits.

Les manifestations individuelles ou collectives de la conscience doivent être libres, afin que l'homme puisse se développer conformément à sa nature.

La variété et la variabilité des situations expliquent la différence et les changements d'appréciation, et peuvent rendre juste, chez les uns, ce qui ne l'est pas chez d'autres. Il est donc inique d'établir une législation fixe, applicable à tous les citoyens également : une telle législation porte fatalement atteinte au libre arbitre, source de toutes les libertés.

C'est pourquoi les peuples sont toujours en révolte contre les lois écrites.

Un peuple, tout comme un individu, change de volonté selon les modifications de sa situation dans le milieu où il se meut : il veut un jour une chose, parce qu'elle lui convient, et il en veut le lendemain une autre qu'il trouve préférable.

Qu'on ne vienne pas me dire que le gouvernement est l'interprète des variations de la volonté publique.

Ne nous laissons pas prendre à des mots : le gouvernement se compose de quelques individus qui, après avoir abusé d'un mandat pour asservir leurs mandants, sont aujourd'hui des maîtres, tandis qu'ils devraient être des serviteurs.

Et qu'ils ne se targuent pas de la volonté de leurs électeurs : cette volonté a existé un moment, peut-être, si on ne tient pas compte des manœuvres frauduleuses employées ; mais son prolongement ne repose que sur une simple supposition.

Le lendemain même de l'élection, la volonté des électeurs peut avoir été modifiée par une circonstance quelconque : rien n'est si mobile que la pensée de l'homme.

Il faudrait qu'un gouvernement fût *constamment révocable* pour qu'il pût se prévaloir de la continuité du prétendu mandat de la majorité : il est vrai qu'il cesserait ainsi d'être un gouvernement.

Les lois étant applicables à tous les citoyens, la majorité ne pourrait permettre à ses mandataires de dépouiller la minorité de ses libertés, sans s'exposer à devenir elle-même victime de leurs attentats.

Il y a, au surplus, des droits supérieurs, qu'aucune majorité ne peut méconnaître : parmi ces droits figure celui de la minorité à propager ses idées et à les appliquer à l'instant même où les modifications incessantes de l'opinion publique deviennent favorables à leur adoption.

Comment les membres d'une majorité peuvent-ils prétendre à la fixité de cette majorité, quand les électeurs ne peuvent pas exprimer constamment leur volonté ?

En présence de cette restriction de la souveraineté du peuple, chaque parti peut, au lendemain même des élections, soutenir que la volonté des électeurs s'est modifiée dans le sens de ses idées.

Donc, en supposant la nécessité d'une délégation, il faudrait que les mandataires fussent constamment révocables, selon les modifications incessantes de la volonté de leurs mandats.

Qui donc pourrait légitimement prétendre au droit d'entraver cette volonté.

Mais il faudrait de plus que les mandataires ne pussent jamais imposer des lois à qui que ce fût : leur rôle devrait se borner à *exécuter* les prescriptions d'un mandat rigoureusement limité.

Il faudrait, en un mot, qu'il n'y ait plus de gouvernement proprement dit.

Des agents, sans cesse révocables, fonctionnant dans le sein des corporations chargées autonomiquement des services publics, ne pourraient jamais mettre en danger les droits de la collectivité générale.

Ce serait là de l'Anarchie pratique.

V

L'histoire du prolétariat est un martyrologe : chacune de ses pages est humide de larmes et de sang.

Successivement esclave, serf, ouvrier, — le prolétaire a traîné à travers les siècles une vie misérable : d'abord attaché au char de ses maîtres et obligé de baiser servilement la main qui le flagellait, il ne peut aujourd'hui obtenir la subsistance qu'en s'abaissant à des supplications humiliantes.

Serait-il vrai, comme l'affirment les religions, que dans les sociétés humaines il doive toujours y avoir des classes privilégiées faites pour jouir sans produire, en exploitant les labeurs d'une classe faite pour travailler et souffrir ?

Dès l'origine des temps historiques, on voit les puissants vivre dans la paresse et le luxe, aux dépens des faibles qu'ils dépouillent du produit de leur travail, ne leur laissant que le strict nécessaire pour ne pas mourir de faim.

Quelle destinée cruelle que celle de l'esclave, le prolétaire de l'antiquité : quand il n'était pas égorgé dans les fêtes ou dans les hécatombes, pour le plaisir de ses maîtres ou pour satisfaire leur superstition, il consumait sa vie pour les faire vivre et jouir.

Mal nourri, roué de coups, sans famille, il était plus malheureux que la bête de somme qui, elle, pouvait manger et reposer à l'étable à la fin de chaque journée : lui, homme, était obligé de ramper à côté des chiens pour ramasser les mies et les os jetés par les maîtres.

Un jour l'esclave fut déclaré *serf ;* on lui permit d'avoir une famille et une demeure à part. Ce ne fut pas une amélioration : — Que de tourments il trouva dans sa cabane ! — Que de larmes il versa en voyant sa femme et ses enfants à la merci de ses exploiteurs !

Un instant il se crut libre ; mais le fouet lui fit bientôt comprendre que son esclavage n'avait que changé de forme.

Aujourd'hui le serf est devenu *ouvrier-citoyen,* mais il est resté prolétaire.

Il travaille du matin au soir, accablé de fatigue et, le plus souvent, avec la faim au ventre, parce qu'il doit laisser à d'autres, qui ne travaillent pas, la plus grande partie de ce qu'il produit.

Et, dans les jours de chômage, il en est réduit à regretter de ne plus être l'esclave qu'on avait l'obligation de nourrir d'une façon quelconque, tant qu'on ne jugeait pas à propos de le tuer.

Toujours contrarié dans les aspirations que lui a données la nature, toujours opprimé, — l'ouvrier se désespère en voyant que, pour lui, la liberté et la justice, proclamées pompeusement dans les lois, ne sont que mensonge, leurre et piège.

Ces exploités ont en eux le sentiment de l'infériorité et de l'asservissement qu'on leur impose ; ils sentent leur dignité d'homme méconnue.

Comprenant, de plus en plus, qu'ils n'ont rien à attendre des privilégiés qui ont intérêt à les maintenir sous le joug, — ils savent déjà qu'ils se trouvent rigoureusement dans l'alternative de supporter les iniquités dont ils sont victimes, ou de conquérir leur liberté par la force.

Les légendes de la religion indienne disent que *Soudra*, sorti du pied de *Brahama* et réduit à la dure condition d'esclave, croyait n'avoir d'autre remède à ses maux que de se faire écraser sous le char de son propre frère, le dieu *Yualuaha* : telle est la situation qu'on fait, et dans laquelle on voudrait aujourd'hui maintenir les prolétaires.

Mais, heureusement, le progrès a, malgré mille obstacles, poursuivi sa marche irrésistible, et les temps approchent où *Soudra* renversera *Yualualcha* de son char.

Alors le prolétariat aura disparu à tout jamais.

Dans notre Europe, *Yualualcha* s'est appelé successivement *le maître, le seigneur, le patron*; maintenant il devient anonyme, il s'appelle capital, autorité, gouvernement.

Sus donc au capital, à l'autorité, au gouvernement, — ô prolétaires !

VI

Que signifie le déploiement de forces étalé avec affectation lors de la grève d'Anzin? Que signifient tant de précautions policières prises à Paris et dans les départements?

Au milieu de leur débauche d'autorité, malgré leurs gendarmes et leur magistrature, — ils ont peur.

L'ivresse du succès ramassé dans le sang des 25,000 fusillés, est passée, — ils ont peur.

Ils ont peur de la faim qui crie, de la misère qui se cache, de l'agonie des enfants et des femmes: — ils craignent les désespoirs qui s'amoncellent autour d'eux.

Quand ils se pavanent dans leurs carosses officiels avec des cochers à cocardes tricolores, la foule passe à côté d'eux, muette et irritée.

Le peuple est pour eux l'ombre de Banco se dressant au milieu de leurs orgies.

Oui, ils ont peur parce qu'ils savent qu'on n'a pas oublié leur trahison envers Paris et les égorgements de la semaine sanglante; ils savent aussi qu'on a à leur demander compte des programmes d'antan.

Tous les bruits de la rue les font trembler: — celui des portes qui se ferment devant les ouvriers qui demandent du pain; celui des voitures cellulaires qui roulent lourdement sur le pavé; même celui des bataillons qui passent et dont ils suspectent le dévouement.

Ils ont beau remplir leurs caisses et arrondir leurs domaines avec des coups de bourse ou des pots-de-vin, — ils n'en voient pas moins les déguenillés traîner leur nudité à la grille des palais de l'État, — ils n'en entendent pas moins les imprécations

des ouvriers dont les mains innocupées semblent chercher des armes.

Ils ont beau exciter le zèle de leurs policiers et de leurs tribunaux pour étouffer les malédictions et les menaces, — les clameurs des ateliers, des mansardes et des cachots arrivent jusqu'à eux et les remplissent d'épouvante.

⁎⁎

Et ils ont d'autant plus peur qu'ils se sentent plus coupables.

Eux, anciens révoltés, les proscrits d'hier, — sont devenus proscripteurs !

Eux qui, non contents d'avoir renversé les monarchies, ne voulaient pas même de président de république, — poursuivent impitoyablement tous ceux qui, restés fidèles aux principes de la révolution, veulent planter définitivement le drapeau de la *liberté* sur les ruines de l'*autorité*.

Eux qui, après avoir soutenu, sous Louis-Philippe et durant l'empire, le droit de coalition, et propagé le socialisme, — envoient aujourd'hui des gendarmes contre les mineurs en grève... — et quelle grève plus légitime que celle d'Anzin où les ouvriers, remplissant un devoir de solidarité, protestaient contre le renvoi de 140 de leurs compagnons d'infortune qu'une compagnie rapace considère comme trop vieux après les avoir exploités quand ils étaient jeunes !

Oh ! ces ministres et ces députés, profanateurs de la république, sentent combien leur responsabilité est grande.

C'est pourquoi, comme tous les renégats triomphants, ils sont pires que des ennemis traditionnels : ils sont condamnés à commettre toutes les monstruosités pour perpétuer le pouvoir dont ils ont besoin, afin d'éviter le châtiment qu'ils savent mériter.

Dans leur effarement ils ne se rendent même pas compte de la profondeur de leur iniquité : ils croient rester dans la légalité parce que la magistrature interprète toujours les lois en faveur de leur arbitraire, comme elle les interprétait jadis contre eux, en faveur de Louis-Bonaparte.

Semblables aux ministres et aux députés de Louis-Philippe et de Napoléon III, qui n'ouvrirent les yeux qu'au moment de leur chute, ils ne comprendront toute l'énormité de leurs crimes que lorsqu'ils seront saisis au collet par les mains calleuses du peuple.

Mais alors il sera trop tard :

Comme Louis XVI, qui expia les forfaits de ses ancêtres en même temps que les siens, ils devront payer pour tous les traîtres qui les ont précédés dans l'exercice du pouvoir.

Ils paieront pour les Thiers, les Gambetta, les Rouher, etc., qui sont morts sans que la justice populaire ait pu les frapper.

VII

Pourquoi tant de révoltes périodiques ?

Parce que la violence des gouvernements est fatalement progressive, et que les peuples n'ont qu'un certain degré de patience.

Cette violence ne se manifeste pas toujours par des exécutions sanglantes, mais par des empiètements successifs contre les libertés publiques, c'est-à-dire par la violation des lois qui garantissent ces libertés.

Les prisons se remplissent de ceux qui, comptant sur les droits de parler et d'écrire, ont osé attaquer les abus — et de ceux qui, croyant avoir le droit de se coaliser, se mettent en grève.

Les lois n'ont d'applications que tout autant qu'elles favorisent les gouvernants; quand elles les gênent, il leur suffit d'avoir sous la main des juges assez souples pour interpréter les textes tantôt dans un sens, tantôt dans un autre, selon les besoins du moment.

Mais, pendant que les ministres et leur dociles magistrats font une justice à leur manière, l'idée vraie du juste et de l'injuste persiste dans les masses et fomente des protestations d'abord silencieuses, violentes ensuites, légitimes toujours.

Il est de mode dans le monde des satisfaits qui vivent autour du pouvoir, de traiter le peuple d'incapable qu'il faut tenir en tutelle et dont il convient de contenir les écarts dangereux pour l'ordre social.

Ces gens-là nomment naturellement *ordre social*, le maintien des privilèges dont il jouissent au préjudice des travailleurs, — l'ordre qui est basé sur l'existence d'une classe de producteurs vivant au milieu des privations, et d'une classe de fainéants, parasites ayant toutes les jouissances sans rien produire.

Ce qui m'étonne, c'est que les périodes de tranquillité, pendants lesquelles le peuple semble résigné à supporter les injustices dont il est victime, soient si longues : la France que l'on prétend ingouvernable, me paraît, au contraire, trop facile à mener.

Ne voit-on pas, aujourd'hui, des magistrats fouler impudemment aux pieds toutes les garanties de liberté consignées dans des lois formelles, sans que des manifestations énergiques les rappellent au respect de ces lois!

Depuis plusieurs années, les tribunaux s'acharnent à poursuivre les meilleurs républicains et ils se montrent d'autant plus rigoureux que l'idée républicaine se propage davantage.

La juridiction du jury semble confisquée au profit des tribunaux ordinaires devenus les aveugles instruments des rancunes et de l'esprit d'oppression des gouvernants.

Et le peuple assiste encore, sans se révolter, à ces usurpations, comme si l'histoire ne lui criait pas que la décadence des nations vient de ce qu'elles se montrent indifférentes à la confiscation de leurs droits, — ou de ce qu'elles craignent les dangers des revendications énergiques à l'encontre d'un pouvoir quelconque.

On a dit souvent que la plus grande force des oppresseurs consiste dans la lâcheté des opprimés : — cette vérité est tellement évidente, que personne ne l'a jamais contestée.

Tout le monde comprend en effet que, l'oppression des masses ouvrières par quatre ou cinq cent mille soldats ne serait pas possible, si chacun de ceux qui composent ces masses était résolu à ne plus la supporter.

Des millions d'hommes décidés à mourir, plutôt que de vivre dans la misère et l'asservissement, seraient invincibles : — nul n'oserait même tenter de leur imposer sa domination.

Malheureusement, quand des explosions de colère se produisent parmi les opprimés, elles n'enveloppent pas assez vivement ceux qui les ont provoquées par leur attentats liberticides, — elles ne se manifestent pas avec l'ensemble nécessaire.

Combien d'insurrections légitimes ont été écrasées successivement par une armée qui aurait été insuffisante si elles avaient eu lieu en même temps.

La Commune de Paris aurait eu raison des traîtres de Versailles, si les mouvements de Marseille, Lyon, Toulouse, Narbonne, etc., s'étaient produits, tous, au lendemain même du 18 mars.

M. Thiers n'aurait jamais pu réunir à Versailles les troupes et les canons qu'il fit venir de tous les points de la France, si l'insurrection avait éclaté partout.

Il faut que ce terrible passé nous serve de leçon : — qu'à la prochaine échéance chaque ville, chaque commune fasse sa révolution ; que l'éparpillement des forces gouvernementales réduise les ennemis du peuple à l'impuissance.

Alors la victoire sera facile et la révolution pourra suivre sa marche progressive dans la voie de la justice rationnelle.

VIII.

Gardez-vous de désespérer de l'avenir, ô travailleurs.

Quelles que soient et puissent être vos défaites, la victoire finale vous est assurée.

Vous avez sur vos ennemis un avantage décisif : — Ne pouvant vivre sans vous, sans votre travail, leur propre intérêt leur commande de ne pas vous détruire entièrement dans leurs jour de sinistres succès ; — tandis que n'ayant aucunement besoin d'eux pour produire ce qui vous est nécessaire, vous pourriez les anéantir sans que leur destruction puisse être pour vous une cause de malheur ; au contraire, elle consacrerait définitivement la conquête de vos droits, en faisant disparaître pour toujours les classes coupables de l'exploitation séculaire dont vous êtes victimes.

Ce qui épouvante vos dominateurs d'aujourd'hui, c'est la progression du nombre de ceux qui, parmi vous, comprennent enfin leurs droits et arrive a se convaincre qu'ils ne peuvent les conquérir que par la force.

Ils se souviennent avec terreur que les révoltés n'étaient à Paris que 500 au cloître Saint-Mérry, et qu'ils étaient 35,000 en juin 1848, et plus de 200,000 en mars 1871.

— Courage donc!

Mais que les échecs successifs de vos manifestations, et de vos grèves pacifiques vous servent d'enseignement.

Comprenez bien que vous serez toujours vaincus dans ces luttes partielles de la faim entreprises par des milliers d'estomacs de travailleurs sans ressources, contre quelques estomacs d'actionnaires abondamment pourvus; — et il en sera ainsi tant que vous ne ferez pas de grèves corporatives générales devant lesquelles reculeraient les forces gouvernementales qui protègent aujourd'hui vos exploitateurs contre vos légitimes revendications.

Oh ! le jour où vous saurez vous entendre, les canons se tairont et les sabres rentreront dans les fourreaux... : — les soldats voyant votre force, ne craindront plus les rigueurs de la discipline et, se souvenant qu'ils étaient hier à vos côtés dans l'atelier, ils se joindront à vous pour assurer votre délivrance et la leur.

Surtout ne faites plus de manifestations *pacifiques* qui vous livrent désarmés aux violences d'un gouvernement de rénégats formidablement armé.

Pénétrez-vous bien de ceci :

Les lois faites ou conservées par ces rénégats ne permettent aucune manifestation sur la voie publique.

Ces misérables entendent se servir contre vous des lois qu'ils ont combattues quand elles étaient dirigées contre leur liberté.

Comme tous les tyrans, ils se sentent d'autant plus libres que vous l'êtes moins : arrivés au pouvoir ils sont prêts à tout faire pour le conserver.

Les manifestations dans la rue seront toujours considérées par eux comme des menaces : — ils les réprimeront par la force, quelques pacifiques qu'elles puissent être.

Ne vous réunissez donc pas en plein air qu'avec les armes à la main et en nombre suffisant pour maintenir l'exercice d'un droit imprescriptible dont on jouit ailleurs, même dans des monarchies.

En dehors de ces conditions, toute manifestation sur la voie publique devra être considérée comme une niaiserie.... ou comme un piège.

IX.

Le citoyen Emile Massard proposait dernièrement dans *le Cri du Peuple*, un moyen d'en finir avec l'ignoble foire aux candidatures dont est cause le fonctionnement de la loi électorale actuelle : il conseillait de ne plus faire comparaître les candidats sur l'estrade des réunions publiques et de tirer au sort les députés, non parmi ceux qui se présenteraient, mais entre tous les électeurs.

Ce moyen vaudrait certainement mieux que cette lutte d'impudence entre des individus qui, tous, se prétendent eux-mêmes les plus dignes, et qui, à cause de cela, devraient être considérés comme d'effrontés ambitieux disposés à spéculer sur la bêtise des électeurs.

En voyant le marchandage répugnant, dans lequel chacun cherche à promettre plus que ses concurrents, sauf à ne tenir à aucune de ses promesses, je me demande comment ce spectacle ne suffit pas au peuple pour le dégoûter des élections.

Je comprendrais qu'il tînt à voter s'il s'agissait pour lui de se prononcer directement sur les questions qui l'intéressent.

Mais voter pour abdiquer sa souveraineté en faveur d'un individu qui manifeste déjà la conviction d'être supérieur à tous ses concitoyens, je ne le comprends pas; cette outrecuidance devrait suffire pour éloigner les suffrages.

Au surplus, après tant de désillusions accumulées, quant à la fidélité aux engagements pris, peut-on compter sur un candidat quelconque.

Ne sait-il pas assez, le peuple, que ceux qu'il a envoyés pour faire ses affaires, se sont occupés, surtout, de faire les leurs.

On dirait vraiment que nous reculons au lieu d'avancer :

En 1811, on entendit un professeur de l'université de Berlin dire ce qui suit:

« *Le but de tout gouvernement doit-être de rendre le gouvernement inutile.....* il est certain que dans la carrière que doit parcourir la race humaine, se trouvera un point où tous les rapports de l'Etat deviendront superflus. C'est le point où, au lieu de la force ou de la ruse, la raison seule sera la règle. Tant que ce point n'est pas atteint, nous ne serons pas moralement des hommes. »

Les gouvernements qui se sont succédé dans tous les pays, depuis 1811, même les gouvernements républicains, n'ont rien de fait *pour se rendre superflus.*

Au contraire, la préoccupation des hommes qui sont arrivés au pouvoir, après chaque révolution, a été d'assûrer et d'augmenter leur autorité.

Pour que l'idée du professeur Fitche soit réalisée, il faut que le peuple cesse de se choisir des tuteurs : il faut qu'après avoir crié « *à bas la monarchie !* » il crie « *à bas la république des charlatans et des pitres !* »

Il faut qu'il comprenne, enfin, que la République révolutionnaire est la seule vraie, — la seule qui puisse constamment désobstruer la voie du progrès des obstacles accumulés par les autoritaires de toutes provenances.

Il le comprend déjà : — la Révolution doit être permanente comme la perfectibilité humaine.

Il ne voudra pas plus de l'*état paysan* de M. Ferry, que de l'*état ouvrier* des collectivistes ou de l'état des *blanquistes*.

Il voudra la liberté de marcher à sa guise et sans autre qualification que celle de *peuple*.

C'est pour cela qu'il se prépare éventuellement à repousser ceux qui rêvent d'être ses *éducateurs* ou ses *dictateurs* après le prochain renversement de la république des charlatans gouvernementaux.

Son cri sera :

VIVE LA RÉVOLUTION ! — VIVE TOUJOURS LA RÉVOLUTION !

Paris, Imp. de M. Décembre 310, rue de Vaugirard

www.ingramcontent.com/pod-product-compliance
Lightning Source LLC
Chambersburg PA
CBHW070745280326
41934CB00011B/2800